박종국 詩人 시집

절망의 언덕을 넘어

박종국 지음

도서출판 다온애드

오늘에게

눈을 감고
조용한 아침의 나라를 그려본다.

오늘은 무엇부터 해야 할까,
손가락으로 순서를 세어본다.

뜨겁게 출렁이는 시간마다
그냥 지나칠 수 없는 일들이 밀려온다.

마음이 조급해지면
나는, 문득 서울 사람이 된다

시인의 말

초의 연둣빛 아침, 맑은 아가들의 웃음소리처럼 자연의 순수함을 닮고 싶었습니다. 그리하여 삶이라는 캔버스 위에 바람과 햇살이 속삭이는 자연의 이야기를 정성스레 수놓았습니다.

굽이치는 세월 속에서 때로는 길을 잃고 헤매기도 했지만, 삶의 모든 순간을 딛고 일어서 한 권의 시집이 피어났습니다.

저의 첫 시집 《절망의 언덕을 넘어》는 그렇게 쌓아 올린 시간들을 세상에 조심스레 내어놓는 설렘이자, 절망을 넘어 희망을 향해 나아가는 마음의 기록입니다.

이 모든 기쁨을 사랑하는 부모님과 소중한 이웃들과 나누고 싶습니다.

조심스러운 발걸음으로 독자 여러분께 다가가, 저의 시들이 여러분의 가슴에 작은 위로와 잔잔한 감동으로 스며들어 삶의 따뜻한 희망이 되기를 간절히 소망합니다.

2025년 가을
박종국

1부 절망의 언덕을 넘어

2 오늘에게
3 시인의 말
10 절망의 언덕을 넘어
11 쉼비
12 일상
13 어머니의 화살
14 고목
15 다음 일
16 희망의 아침
17 멋진 초겨울
18 꽃핀자리
19 무더위
20 올 설날은
21 삼줄의 우정
22 여름날 아침
23 해당화
24 그날의 청춘
25 도시를 벗어나
26 안개속 오름
27 계절의 진통
28 나무와 낙엽
29 비내리는 날
30 바위
31 도심 속의 군상
32 빗소리 우산소리

2부 세월

- 33 세월
- 34 산은
- 35 어느날의 유월
- 36 사랑
- 37 나비
- 38 숲에서
- 39 오늘은 선물
- 40 나그네의 길
- 41 하고싶다
- 42 바람부는 날
- 43 둥지와 꽃잎
- 44 그리움으로 물드는 사랑
- 45 산들바람과 천국
- 46 기분 좋은 날
- 47 가을과 나
- 48 시를 쓰다
- 49 봄이야기
- 50 오월의 노래
- 51 자연의 소리
- 52 갈매기와 나는
- 53 꽃의 힘
- 54 산책을 하며
- 55 희망의 숲
- 56 너는 무엇인가
- 57 사유의 세계
- 58 나무들의 사랑
- 59 지나고 보면
- 60 한순간 꿈이렷다
- 61 우울한 날
- 62 어떤 날
- 63 산책
- 64 가을이

3부 선물

66 선물
67 어느 날의 유월
68 뜨락에서
69 한 알 속의 생명
70 사랑은
71 슬픈 흔적
72 충격
73 미약과 창대
74 해의 이탈
75 치자꽃 필 무렵
76 솔릭의 태풍
77 어느 날의 태풍
78 태풍
79 폭우가 쏟아지던 밤
80 태풍의 힘
81 정상에 오르면
82 생일날
83 마을을 지키는 나무
84 매미소리
85 흔적
86 풀꽃이나 나무만큼
87 시끄러운 태풍
88 이웃 족속들
89 해가 뜬다
90 휴전선
91 그 섬에서
92 갈무리
93 그의 소리
94 의지

4부 내가 가는 길

96 내가 가는 길
97 자유는 평화
98 겨울이 벨을 울린다
99 수평선
100 향기
101 문학
102 바다는
103 가을 단비
104 자유로운 숲
105 가을이 간다
106 가을
107 시월을 보내며
108 점 점 점
109 10월이 간 자리
110 겨울을 보내는 동안
111 계절의 주인
112 이렇게 머물고 싶다
113 적막한 가을 숲
114 가을 끝자락
115 짙은 안개
116 새해 아침
117 연둣 빛 생명
118 슬픈 시대
119 내 고향 덕산
120 바다 위에서
121 친구야
122 치유의 은혜
123 개복숭아 나무
124 충의사와 들녘
125 아카시아
126 한해를 맞으며
127 탄생의 시련

바람에 실려오려나
오가는 길손 깃에 묻어오려나
저 산자락 너머 작년에 피었던 빛깔
꽃핀자리 아직 있을까

-꽃핀자리 中에서 발췌-

1부 절망의 언덕을 넘어

어두운 터널을 지나면
새파란 봄의 향연이 있고
곧 밝은 세상이 열린다

그러니 힘내라

절망의 언덕을 넘어

인생은
덧셈과 뺄셈의 연속

가끔은
쉼표를 찍어라
숨을 고르며 여유를 가져본다

세월이 흐르면
기억은 옅어지고
감각도 조금씩 무뎌진다

어두운 터널을 지나면
새파란 봄의 향연이 있고
곧 밝은 세상이 열린다

그러니 힘내라

쉼 비

비가 옵니다
있으라고 이슬비 내리네

가라고 가랑비 추적추적
무슨 미련 있어 수고
많았던 발길을 멈추나
6월의 장맛비 주룩주룩
쉬었다가 가라 하네

주님의 살핌인가
쉼 비가 내립니다
무더위에 지친 영혼들
하나님의 은혜와 배려인가
쉼 하라 비가 옵니다

산천을 휘감아 울부짖는
태풍처럼 한 바퀴 돌며
깨달음의 가르침을 퍼부으며
주룩주룩 사랑과 축복의
쉼 비가 내린다

일상

아침에 일어나
파란 하늘이 좋아
무슨 그림을 그릴까
고민을 해본다

청록의 이파리들은
햇살을 쪽쪽 빨아들이며
한낮의 매미소리를 듣는 중
계곡마다 물소리 청아하여
새들을 불러모운다

하루는 쉽게 사라져 가고
칠흑 속에 빛나는 별들
등불 켠 반딧불이 깜박깜박
동심의 세계로 유혹하는 밤

어머니의 화살

수평선 노을빛 넘어
떨어지는 여인의 과녁이 보인다.

마지막 남은 활의 몸짓,
노을 너머로 날아가는 화살은
세상의 시름을 안고
두 눈을 감아버린 백발의 아들에게로 간다.
그 아들은 미소 지으며
마중을 나온다.

노을빛 넘어 허공에서
어머니는 남은 힘을 모아
그 아들을 꼬옥 끌어안는다.

고목

수백 년을 산 고목은
지구촌 모든 거목들과
소통하듯 날씨와 환경
인간들이 행 한 것을 모두 안다.

사람들 중 개미만도 못 한자가 너무 많으니
탐욕 때문에 자신을 훼손하는
백성들을 철들게 하소서

백성 알길 벌레 취급하는 죄인들
고목 옆에 잡초처럼 서성인다.
혜량하여 믿음으로 소통하고
정의와 신뢰로 우뚝 선 고목처럼
먼 길 동행하게 하소서

사랑과 은혜로 뜻이 하늘에 닿아
권능과 지혜로 잘못 행한 인간은
태초의 맑고 푸른 초심으로 돌아가게 하소서

다음 일

인생살이 살다 보니 일이 많지요
해야 할 일 하고 나면 부족하고요

이다음 일 기다리니
뜬금없는 이벤트라
이유 없이 까닭 없이 일 잔치 벌리네

일 마치면 자평타평 평이 많지요
이벤트인생 세상 이별 후
자평타평 평을 하겠지요

이 생에서 인생길은 미완성이라
주연으로 채워도 부족하고
조연으로 보충해도 모자라
마음 다 잡고 일일신하지요

내일 일도 이벤트라
연출 마친 후 하늘에 감사하고
희망과 축복에 찬 미소 지으며
내 인생 잘했다 관객 되어 찬하리

희망의 아침

밝아오는 아침
밤새 가을비 내려
풀잎마다 빗방울이 맺혀
맑은 아이의 눈동자처럼 빛난다

웅장한 아침의 햇살
풀잎들은 잠에서 깨어나
밝은 세상의 기운으로 시작하여
산과 들 앞에 서게 한다

사람들의 발걸음이 바빠지고
과수마다 열매가 붉어지는 것 보며
깊어가는 가을은 내일의 태양
또 다른 계절을 기대하게 한다

멋진 초겨울

한낮에 세찬 바람 불더니
저녁부터 날씨가 추워진다
첫눈은 아니지만 곧 입동
추위가 온다고 한다

겨울은 눈이 와야 제멋이지만
내일은 서리 내리고 비가 오려나
눈 내리는 초겨울이 기다려진다
첫눈이 펑펑 내리면 풍년이 온다지요

하늘님의 계시인가
나의 정성인가 산과 황금들녘엔
그대의 소원대로 한눈 펑펑 내리는
멋진 겨울이 되겠지요

꽃핀자리

청명한 가을 하늘,
비행기 지나간 흔적처럼
자욱한 안개 산자락 너머,
꽃동산 꽃핀자리 있을까.

지난봄 소식에
코스모스 천지 울긋불긋,
무지개 빛깔 꽃물결 전해주더니
님 없는 이 봄은 허전하기만 하네.

저 산자락 너머
님과 함께 걸었던 꽃동산,
그 꽃핀자리 아직 남아 있을까.

바람에 실려오려나,
길손의 옷자락에 묻어오려나,
작년 봄 빛깔 그대로
저 산자락 너머 꽃핀자리는 아직 있을까

무더위

집 밖을 나서는 순간
하늘에서 쏟아지는 햇살

밤새 달구어진 것인가,
새벽에 한순간 불붙은 것인가.

한 걸음, 또 한 걸음
뒷목을 타고 흐르는 땀방울

세상을 살다 보면
이 또한 지나가리라.

내 인생에 수도 없이 흘러내린 땀,
그 또한 지나가리라.

터벅터벅 걸으며
흐르는 땀마저 즐기듯
나는 오늘 하루를 다시 연다.

남아 있는 도전을 향해
또 한 번 내 삶을 시작한다.

올 설날은

하얀 눈 내리며
마중 나온 듯
간밤 온 땅을 희게 물들인다.

새 한 해의 첫날, 설날
떡국 한 그릇에 나이 얹어
새로운 365일을 가슴에 올려놓는다.

하얀 눈 내림은
하얀 마음에 소원을 적어
하나님 영광을 위하여 살라 하심이라.

올해는 언행일치의 삶으로
주님 원하시는 길 걸으며
칭찬과 영광을
오직 하나님께 드리리라.

삼줄의 우정

달콤한 잠이 마실 간 사이 은하수에
쪽배 띄워 생각의 시간들이 노를 젓는다

어제로 머물고픈 순간들
꼭짓점에서 뒤돌아보니
우리 인생이 다 그러하거늘

친구야 탄탄한 밧줄로 건강하게 지켜온 우정
삼줄이 더 든든하겠지

이보게 남은 여정 풍류를 즐기며
서로 간 맞추어 살아보세

여름날 아침

한 여름날
천둥 바람도 없이
내린 장맛비 후에

어머니는 젖은 텃밭에 씨를 뿌리고
어린 배추모종을 조심스레 심는다

한여름 아침
작년에 지은 초가집 처마 밑에
까치는 까악 까악
집을 고치느라 분주하다

오늘은 좋은 소식 오려나
까치의 흥겨운 웃음소리에
콧노래가 절로 나온다
서울간 애들이 오려는가?

촉촉이 젖은 배추밭
살 고르는 어머니의 손이 분주하다
함박웃는 얼굴에 고운 햇살이 내린다.

해당화

예정에 없었던
유월의 하늘 올려다보니
핏빛으로 물드는 반나절
잎이 더무성한 해당화
활짝 웃음으로 나를 반기더라

어쩜 이리도 꽃빛이 고울까
훗날 생명이 다하여
꽃잎이 얼룩져도
고왔다는 말 어찌 전할까

한 세월 가녀린 몸으로
모진 해풍 견디느라
피멍이 들어 고운 걸까

해당화 너는 우리의 운명

그날의 청춘

연황색 빛난 꽃
때가 되어 반기는데
담장 길에 드리워진
사랑이 얽혔어라

뛰는 가슴 가슴에
한여름의 빛 같은 소녀
그대 그리움 향한
붉은 맘 하늘 우러러본다

미리내 건너려니
길막은 먹장구름
불붙듯 타는 내 뜻 아실까

도시를 벗어나

흐린 별빛 아래 눈부신 도시
빌딩숲 사이 아스팔트길
차량의 행렬이 멈출 줄 모른다

눈물 짜내는 매연과
매스컴 타며 좋은 말 다 하는 사람들
잠시만 정신줄 놓으면
동맥에 빨대를 대고 피를 갈취하는
모기와 무엇이 다르랴

도시가 싫어
사계절 녹색 정원을 찾는 나
가장 낮은 곳에서 순박하게 살고싶다

안개속 오름

안개 낀 꼬부랑길,
어딘지 모르지만
그저 오르기만 한다.

싱그러운 가슴으로
숲길을 오르자,

하늘이 보일 때쯤
눈이 맑아지고
안내판을 스쳐 지나간다.

계절의 진통

엄동설한에도
춥다고 내색하지 않는 나무
속으로만 인내하던 속 깊은 정원에서
뭇 생명을 길어 올리는
저 나무는 나의 스승

메마른 피부에
봄비라도 뿌려주는 날이면
푸름의 기상이 터져 나온다

태양의 열기를 피해
그늘을 펴주는 나무
가을이 되면
제 몸 스스로 비워내는
지혜를 보여준다

가슴 설레게 했던 봄
빛나던 여름 가을
곳곳마다 발자국을 남긴다

나무와 낙엽

겨울을 앞둔
나무는 부끄럼도 없이
옷을 훌딱 벗는다

동안거라는 말은
고상한 언어유희일뿐
햇빛이 부족한지
점점 야위어간다

꽁꽁 얼어붙는 몸
물길은 너무도 멀어
살아내기 위해 힘을 모은다

비 내리는 날

밤새워 재잘대는 빗소리
우르르 쾅쾅
천둥번개 마주치면 고함이 된다

수평선 너머에도
태평양에서도
비바람이 분다는 일기예보

초저녁부터 시작해
몰아치는 물결이 부딪치면
거센 파도를 일으킨다

계속되는 폭풍우는
광활한 초원의 바다
그 넓음 측량할 길 없다

바위

바위도 화장을 하나보다
촉촉한 이끼는 감촉이 좋아
건강한 여성의 피부처럼 부드럽다

바위의 몸속에
이슬이 모여
아담한 나무 한 그루 키우는데

어떤 영양분인지
나무를 키우는 바위는
적적함을 잊는 것인지
노래를 부르며 슬며시
이끼를 키운다.

도심 속의 군상

아스팔트길 따라
형형색색의 빌딩
현기증으로 비틀거린다

하늘높이 치솟은 빌딩마다
자연의 풍경 찾아볼 수 없어
삭막한 도시는 어설픈 군상들 같다

이기지 못하면 짓밟히는
시멘트길섶에서
가로수처럼 줄을 선 사람들

호흡을 하며
생존하고 있다는 것이
신기하고 가엾다

빗소리 우산소리

빗방울이 모이면
무게를 견딜 수 없어
미끄러지며 소리를 낸다

바람에 휘날리는 낙엽
빗물이 떨어지는 소리
건강한 숲은 우산이 필요치 않다

문명의 우산 위에
맥없이 떨어지는 빗방울
인간과 자연의 운명
공동체 같구나

2부 세월

돌고 돌아가는 길
휘청이며 달려온 삶

허방다리 짚은 세월
키우지도 못한 꿈

떠날 때는 흔적도
남기지 않으리라

자연의 순리여
너의 뜻 여기에 있다.

산은

숲은 깊을수록 고요도 깊다
바람과 구름이 모여 사는 평화의 나라
차 소리 대신 새들의 노랫소리
바람에 흩날리는 안개구름
산은 깊을수록 싱그럽다

어느날의 유월

산은
스스로 푸르고

물은
무심으로 흐른다

산비탈의
흐드러진 개망초

바람에 실려 온 그 꽃잎
가는 곳마다 눈길 주는

하이얀 너의 모습
그녀를 닮았구나

사랑

삭막한 이 세상
진정한 사랑을 할 수 있을까

나의 기억 속에는
사랑의 고귀함이 없다

엄마의 태중에서부터 사랑을 배웠지만
겉과 속이 다른 세상 사람들

사랑을 줄 만한 사람이 없어
혼자만의 삶에 익숙해졌다

마음과 눈길이 머무는
꽃과 나무 바람 구름 안개 속에서

사랑이 넘쳐나는 어머니 같은
포근한 인연을 기다리고 있는 중

나비

봄날의 하얀 나비
꽃잎을 찾아 맴돌고
삶에 지친 낙엽 바람 따라 흩어진다

청록의 계절이 지나면
힘을 잃어가는 단풍잎
부활을 꿈꾸는 한나절

세상을 위해 피어난
아름다운 꽃 속에서
하루를 보낸다

숲에서

빗물이 길을 내면
새소리 바람소리만 들린다

넓은 세상을 모르는 나무들
하늘 높은 줄만 알고
자꾸만 키만 키우고 있다

숲길을 걷노라면
시선을 두는 곳마다
뻔한 것들로부터 탈출케 한다

오늘은 선물

특별히 바빠 사는 것도 아닌데
명절을 평시처럼 보내고 만다

겨울이 깊어진다 싶으면
입춘이 오고
어느 사이 우수가 지나가버린다

사라지는 계절이 두려운 게 아니라
소중한 걸 잊고 사는 것이 미안하다

나그네의 길

한적한 길마다
줄지어 서 있는 바위틈
보일 듯 비칠 듯 피곤한 잡초
나 홀로 길섶 나그네
바람에 흔들리는 나무 그림자
오라고 손짓도 하지 않았는데
비집고 들어선 산딸기 나무
우리 모두 길섶 나그네

하고 싶다

계절이 가기 전
검은 바위벽 뚫고
생명의 강인함으로
더 깊이 뿌리내리고 싶다

태풍이 오기 전
오월의 솔바람과 벗하여
도시의 벗들 그리워서
가을이 오기 전에 안부전화 해야지

지치고 힘든 내 영혼
눈발 휘날리는 겨울이 오기 전
마지막 시간을 붙잡고
기억 속의 어머니 찾아가 보고 싶다

바람부는 날

바람 부는 날
나뭇잎을 흔들며
숲 속을 걸어 보았는가

비 내리는 날
나뭇가지 두들기며
흩어지는 낙엽을 보았는가

햇살은 나뭇잎에 가리어
옆으로 비껴가도
산은 나를 품는다

둥지와 꽃잎

아침 햇살은 이리 저리 뒹굴고
꽃잎 이슬도 이리저리 뒹군다

시나브로 침묵 속에 개울물 흘러간다.
정들었던 둥지는 허전한데
작은새는 보금자리 찾아
다시 돌아오려는가
봄날은 마냥 부풀어오르고

가슴은 또 파아란 풍선
예쁜 눈매 하나가 이내 서성인다.
꽃잎은 바람에 흩어질뿐
지난 기억을 한껏 들추면서
천둥소리는 보고픔에
큰 소리로 메아리를 남긴다.

그리움으로 물드는 사랑

아침 비가 후드득후드득
굵은 빗방울이 땅을 파고 도랑을 만들고
개울로 내려가 개천으로 강으로
그리고 바다로 간다.

후드득후드득 아침비에
내 그리움은 어디쯤 흘러가고 있을까
이 비 쏟아지는 어디쯤에 너 있을 텐데
나와 같은 추억을 하겠지

우산을 두드리고
가슴을 두드리는 이 비를 맞고
붉은 노을에 돌고 돌아 그 바다에서 만나려나
너와 나의 그리움이 하나의 파도로 일렁인다

그 파도가 강을 거슬러
나에게로 너에게로 올 수 있다면
지금쯤 너와 나는 그리움이 아닌
절절하고 뜨거운 사랑을 나누고 있겠지

산들바람과 천국

세월은 왜 그리 빨리 달리는가
기약도 없이
덜커덩 소리조차 없이
유월 태양은 으르렁거린다

시냇가 무성한 풀숲에
산들바람 후욱 스쳐 지나면
생에 매듭은 여물어갈 뿐

여기저기 모퉁이마다
별이야 여전히 뜨고 지고
어제 보았던 행복함이 천국이었네

기분 좋은 날

시원한 바람 부니
살 것만 같다

굵은 빗줄기에 꽃잎이 멍들었지만
지루한 장마 사라져 좋다

밤하늘에 꽃을 피운
뭇 별들과 달님
반갑다고 방긋 웃는다

긴 장마 끝에
코로나 백신 개발
이렇게 좋을 수가…

가을과 나

파란 하늘에
고추잠자리 난다

아스라한 수평선에
빨래 줄처럼 얇은 구름이 걸렸다

침침한 숲 속에 햇살이 밝혀
잠시 바람이 멈추었다

붉은 노을 서산을 물들이고
고추잠자리 어디론가 사라졌다

살가운 행복이
그러고 보니 이곳이구나

시를 쓰다

오늘따라 바람이 세차다
할 일이 많아도 미루고
멀고 먼 산을 바라보며 시를 쓴다

깊어지는 상념은 더 깊어져
펜을 든 손이 무겁다

얇디얇은 생각으로
세상을 저울질하는 동안
시간은 밤으로 이어진다

오늘 저녁과
내일 아침의 생각이
주마등처럼 스치고 지나갈 때

손가락 사이로 빠져나가는 시어들
발가락이 꼼지락거리며
시를 쓰게 한다

봄이야기

나뭇가지마다 진초록
오월의 한마당이 펼쳐져
산은 산대로
들은 들대로
올해도 어김없이 제 몫을 다한다

겨울 내내 움츠렸던 몸과 마음
따뜻한 햇살을 받으며
모두가 기쁜 맘으로
봄을 맞이하며
콧노래를 부른다

어느 한쪽으로 기울지 않는
문명과 자연
숨이 멎도록 탄성소리
설렘과 기대감으로
서로 화답하며 하나가 된다

오월의 노래

예전에 없던 생각들이
문득 줄을 선다

꽃보다 잎이 더 무성한 계절
해당화는 처녀의 혼으로 피웠을까

붉게 꽃잎을 피워
훗날 내 혼의 빛깔은 어떨까

모진 해풍을 견디며
핏물로 떨어지는 꽃잎

열정으로 피었다
맥없이 저버리는 해당화

자연의 소리

불이 번쩍번쩍
하늘을 가르고
숲을 향해 달려온다

죄지은 사람도
죄 없는 사람도
무서워하는 낙뢰
나는 밖으로 나갈 수 없어
창가에서 그저 바라만 본다

번쩍 쾅 우르릉 쾅쾅
낙뢰가 떨어질 것 같아
두렵고 걱정으로 잠을 이루지 못한다

가슴에서 두들기는 인간세상
천둥 번개 치는 소리
낙뢰를 피하지 못한 사람들의
슬픈 이야기는 끝날 줄 모른다

갈매기와 나는

하늘 맞닿은 생각이
한강을 건너 바다를 질주한다
어색하게 다가오는 시간들 속에
잡힐 듯 스쳐가는 인연들
눈을 가리고 생각을 거듭해 본다

강도 산도 바다도
열 수 없는 뱃길
갈매기들이 바다 위에 점을 찍으며
허허로운 내 맘을 아는지
나를 위해 쉬지 않고 맴돈다

꽃의 힘

동백섬에서
열정적으로
꽃을 피우는 동백이
어부들이 꽃으로 환생한 걸까

빛이 잦아드는 곳마다
하얀 꽃잎으로 피어나
흰나비인 듯 바람에 나풀거린다

파도만 출렁이는 해운대
사람들은 보이지 않고
갈매기들만 소리 내며
동백섬을 맴돈다

산책을 하며

눈을 뜨면
조잘거리는 새들의 소리
이른 아침부터 수선스럽다

뿌리 깊은 나뭇가지는
손을 뻗으며
지나가는 사람들 모자를 벗기고

햇살 받은 풀잎들은
튼튼한 몸을 세우고
강한 바람에도 끄떡하지 않는다

잠시도 쉬지 않는 생각들이
다시 숲을 돌게 하여
쌓였던 피로를 풀게 한다

희망의 숲

엷은 어둠 속에
맑은 별빛 반짝이고
서쪽하늘에는 하얀 달이
희미하게 새겨져 있다

푸른 하늘이
햇살을 토해내고
뭉게구름 노를 젓고 있다

가을하늘에는 기러기 떼
손짓으로 멀리 배웅을 하며
가슴속의 하얀 달 희망의 숲

너는 무엇인가

너는 욕망과 탐욕의 덩어리
용광로에 쇠 녹이듯 녹이고 싶다

너는 교만과 허세의 덩어리
먼지 날리듯 바람으로 날리고 싶다

미움과 증오의 덩어리
봄볕에 눈 녹이듯 녹이고 싶다

사유의 세계

뿌리가 있어야
잎이 돋고 꽃이 피어
열매를 맺는다.

뿌리가 있어야
깊이 사유할 수 있고,
뿌리가 있어야
바르게 정의로울 수 있다.

뿌리 깊은 나무는
비바람 몰아쳐도 흔들리지 않는다.

뿌리 있는 사람은
태극기를 흔들며
자유의 함성을 지르고,

그 뿌리는
푸른 역사를 이어
나라와 민족의 내일을 걱정한다

나무들의 사랑

7월의 숲은
짙은 향기로 가득하고

키 큰 나뭇가지에는
성숙한 이파리들이
서로 마주보며 손뼉을 친다

더위를 잊은 채 즐겁게
노래하며 춤을 추는 나무들
뒷산으로 흘러가던 구름도
가던 길 멈추고
나뭇가지에 걸터앉아 떠날 줄 모른다

시간의 저울질을 모르는
나뭇잎들은 바람의 힘으로
남긴 지문들마다 성스러운…

지나고 보면

은하수에 쪽배 띄워 노를 젓는 밤
추억의 편린들이 과거로 흘러간다

사는 일들 지나고 보면
후회가 되고 아쉬운 것

어제에 머무르고 싶은
순간들이 그렇다

젊은 혈기를 부리고 나면 부끄러운 것
살아내는 일들이 모두 후회인 것을…

한순간 꿈이렷다

푸르던 기억을 위해
소나무 몇 그루 심었다

솔잎에 흰 눈이 쌓이면
내 머리도 하얀 눈을 쌓는다

뿌연 안경 너머
솔잎이 흔들리고

오랜 시간 끝에
한목숨 살겠다고 꿈틀거린다

우울한 날

이 시간쯤이면
꿈틀대는 소리 듣는다

파란 하늘이 반겨도
사람들의 모습 무겁다

강한 비바람이 들판을 휩쓸어
속수무책으로
일어서기를 반복한다

어떤 날

빗방울 소리에
풀벌레 소리 멈추고
비 뿌려 수정처럼 맑은 잎
맑고 고운 그녀 모습 닮았네

어느 발걸음 소리가
잎을 흔들기도 하여
산마다 강마다
붉게 물드는 민주주의

지금도 떠도는 원혼들이
허상들을 물리치며
시간의 나른함에
줄을 서고 있다

산책

상념의 숲 속에는
물소리 가득하고
지저귀는 새소리
바람을 베어문다
코끝으로 스며드는 산내음
아무도 반겨주지 않아도
숲을 향해 다가간다

가을이

시원한 그늘 아래
머무는 자리마다
내 가슴으로 만든 섬 하나
바람과 새들도 머물지 못한다

내 영혼의 그릇에
수많은 어둠을 쌓으며
반백의 삶을 살았어도
너를 품을 수 없다

한 권의 소설 속에서 만나
깊은 사랑 나눌 수 없어
부서지는 나의 시세계

3부 선물

지인들의 귀요미 선물 정만 남겨두고
떠났지만 재회하는 그날을 꿈꾼다

선물

행복의 전달은 선물이다
그러기에 주고받기 고민스럽다

필요한게 아니면
명품을 받아도 반갑지 않고 난감하다.

지인들이 주신 선물
고맙고 요긴하게 쓰일 때 참으로 행복하다

블루투스에 실려온 클래식
비단길에 수놓으라며 시나브로 떠나간다

오늘도 내일도 행복한 날
클래식에 아롱지며 꿈길 가고 있다.

지인들의 귀요미 선물 정만 남겨두고
떠났지만 재회하는 그날을 꿈꾼다

어느 날의 유월

검은 바위 위의 푸른 이끼
잠들지 못한 민족의 한
일그러진 모습으로 돋아난다

바다 건너 파란 하늘
뭉클 대는 산수국 큰 무리
끊어진 자유의 다리에서 웅크린다

힘없는 정의가 불의와 싸우다
무덤이 되어버린 역사
길고 긴 겨울이 물러설 줄 모른다

광란의 피바람
앙금의 시간들
강 위의 발자국

뜨락에서

초저녁 봄비가 내린다
수채화 같은 하늘아래
빗방울이 모여 수런거린다

개구리 한 마리 튀어나와
갇힌 물에 뛰어들고
날아오르는 새들과
땅 위를 기어 다니는 지렁이
한 평의 땅도 차지하지 않는 식물들은
한 곳에서 불평불만 없이 잘도 살아간다

나는 하늘이 내려주는 빗물 아래
유유자적 구름처럼 걷고 있고
우뚝 선 소나무는 사계절 푸르러
어느 누구보다 수명이 길다

비우고 사는 삶
욕심을 버려야 가능한 것
빗물에 마음을 털어놓으며
이슬 맺히는 두 눈

한 알 속의 생명

나락 한 알속을 우주라 여긴다
태평양 건너 힘센 국가의 백성들이나
핵에 미친 군주의 가난한 백성들이나
영토 없이 떠돌던 예수의 백성들이나
나라 없이 떠도는 부처의 백성들이나
모두 나락 한 알속의 생명과 같다

부와 명예를 좇다 지친 영혼들이나
국경 없는 의사들의 헌신적 노력이거나
문명과 자연을 오가다 지쳐버린 우리들이거나
생명의 진리를 깨우치던
선인의 고뇌에 찬 영혼들이나
나락 한 알속의 생명일 게다

사랑은

구름이 비가 되고
비가 시냇물이 되어
강물로 흐르다
바다 품에 안긴 들
이 세상의 이치가 바뀔까

작은 바람에도
나뭇잎이 흔들리고
흔들리는 이파리마다
사랑의 노래를 부른다

뙤약볕에 지친 생명들
사랑이 그리워서
나무 그늘에 안겨본들
누가 사랑 아니라 할까

강아지는 주인을 섬기고
자녀들이 부모의 건강 챙기고
사랑 아니라 의무라 할 수 있겠나

우매한 민초들의 먹고살기 급급한데
나라 걱정까지 태산처럼 높다 한들
아뿔싸 이 세상 이치가 그러한데
사랑 아니할 수 있으랴

슬픈 흔적

깊은 산속에
돌담이 늘어져 있지만
숲만 우거져
그들의 삶의 흔적들을 덮고 있다

돌담마다 구멍 난 가슴들이 드러나
숲으로 거듭나기까지
오랜 세월이 흘러갔음을
구슬프게 산새들이 들려준다

바람은 구름을 불러 돌담을 달래어주고
나뭇잎들은 슬픈 사연 감추려고
새 잎으로 거듭나
푸르른 내일의 소망을 일러준다

마을은 잃었지만
잊을 수 없는 마을의 흔적
떠나버린 자리마다
푸른 이끼가 대신하고 있다

충격

나무보다 잡초들이 더 짙고 푸르다.
푸르다는 것은 곧, 왕성한 생명력.

바위에 융단을 두른 이끼의 푸름,
비 온 뒤 신비로운 세계.

꽃보다 흥미로운
이끼밭 속 붉은 버섯,
독을 품은 여인의 입술 같다.

경이로움과 두려움이 공유한
색깔의 충격 속에서
하루가 보람으로 채워진다.

미약과 창대

나무들은
잘 나고 못났다며
시비 걸지 않는다

안개비 오는지
가랑비가 오는 건지
나뭇잎 사이로 구르는 물방울의 변신

숲 속은 실개천을 만들어
이끼 숲 바위 돌고 돌아
시냇물로 흘러서 한 몸 이뤄

바다에 이르는 길이
안개비로 비롯한 것이지만
시작은 미약하나
나중엔 창대하리라는
말씀이 새롭기만 하다

해의 이탈

하늘이
보이지 않는다
바다와 구름의 틈새에서
붉은 꽃 한 송이 피었다

날마다 떠오르는 해
궂은날 잠시 나왔다
어느 사이 사라지고 나면
애타는 가슴이 조급해진다

치자꽃 필 무렵

그 향기,
방 안 가득 번진다.

무리 지어 핀 산수국,
보랏빛 향기로 범람하고,

늘어진 가지마다
꽃 입술은 앙칼지게 피어난다.

길섶 풀잎 향기에도
들판은 서서히 여물어 간다.

솔릭의 태풍

한반도를 관통 6년만의 솔릭태풍
곳곳마다 바람 길과 빗물 길을 내며
낮과 밤 없이 휘몰아친다

천둥번개가 허공을 가로지를 때마다
몸을 움츠리게 하며
무서운 생각을 하게 한다

세상이 얼마나 잘못됐기에
가로등과 가로수를 강타하고
온갖 쓰레기들을 빗물로 씻어내는지

길을 가던 사람들
바람에 우산이 날아가도 붙잡지 못하고
비를 피할 곳을 찾아 달려가는 모습들
우리는 자연의 도움을 받고 살면서도
자연에 대한 고마움을 잊고 살지

서까래 앞 처마 밑에
안개가 서리고
굵은 빗물이 불빛 속에 휘날려
갇힌 사람들은
멍하니 바보처럼 서 있다.

어느 날의 태풍

허공에 손짓하며
항거할 수 없는 몸부림
떠날 줄 모르는 태풍이
선박을 묶고 피서객들을 가두었다

할퀴고 찢으며
도저히 인정이란 것이 없는
태풍과 비바람
바다 위의 생명들 보장할 수 없다

목숨인 것들은
위대한 자연 앞에 두 손을 들었고
빗물 따라가는 나뭇잎들은
맥없이 물길과 바람에 몸을 맡겼다

뿌리 깊이 내린 나무와
수심이 깊은 물고기들만이
끄떡없이 존재할 수 있다는 것이
우리네 삶이 그러하지 않겠는가

태풍

하늘도 숲도
두려운 듯 고요하다.

칠월 칠석 날,
태풍이 온다는 일기예보.

우리 집에 귀한 손님을 초대했건만,
오는 날이 태풍이라니,
그동안 황토방을 지어야겠다.

폭우가 쏟아지던 밤

덜커덩 덜커덩
폭우가 창문을 흔든다
한밤중에 내리는 빗소리 바람소리
청각을 건드려도 좋다

사람 소리는 들리지 않고
우르르 쾅 번쩍
벼락이라도 떨어질 것 같아
순간적으로 온몸이 오싹해진다

나 홀로 따끈한 차를 마시며
내일 할 일을 생각하니
빗소리 바람소리도 시어가 된다

오늘 밤도 가슴 설레이는
내일 일을 생각하며
잠 못 드는 밤

태풍의 힘

바람이 괴성을 지르며
나무들을 관통한다

바다는 물거품을 뿜어대며
구토가 멈추지 않는다

성난 파도를 누구도
다스릴 수 없다

자연의 순리에 맡기고
밤은 깊어간다

바람소리 빗소리 멈추지 않아
평화를 잃어버린 긴 하루

정상에 오르면

정복을 위하여 오르는 길
손톱과 발톱이 피멍들어 아프다

오르면 오를수록 높아지는 산
그 세상 이르면 불 밝힐 수 있을까

멀고도 길기만 한 여정 속에
누구도 내 손 잡아주지 않아
찬바람만 맴도는 일상

달려오는 흰구름
산은 언제나 나를 시험하며
관심이 많은 것만 같다

나의 인내심을 시험하는지
물끄러미 바라만 볼 뿐
아무런 말도 하지 않는 저들

생일날

생일 축하를 한다며
차려놓은 음식과 케이크,
그 위의 촛불은
왠지 생뚱맞아
어색하기만 하다.

그런 내 마음을 아셨는지
"네가 태어나
우리에게 행복을 주었기에
축하한다"
말씀하시는 어머니.

당신의 몸속에서
열 달 동안 기거하며
피와 살을 나눠주신 어머니.

오늘 나는
당신의 체취를 더듬으며
감사로 화답합니다.

마을을 지키는 나무

살을 에는 거친 눈보라 속에서도
우리 마을을 묵묵히 지키는 나무.

찌는 무더위를 견디며
계절의 부침도 모른 채
풍성한 가을을 내어준다.

마을 어귀 밤나무,
어릴 적 놀이터 같아 뛰놀던 곳.
열매로 배고픔을 달래주고,
지나가는 나그네에겐
그늘에서 숨 고르게 하던
추억의 나무.

멀리 있는 봄을 찾아
도시로 떠날 때면,
내 어머니 손짓하던 그 자리에서
소리 없이 울던 나무.

매미소리

인고의 시간을 풀어내는가
한맺힌 절규를 하는가

끊어졌다 이어지는 울음소리
한낮이 지나도록 지칠 줄 모른다

고개를 들고 눈 비비며
나뭇가지 사이를 두리번거린다

떨리는 듯 귓전에 맴도는
소리의 주인공을 찾아본다

칠 년 동안 땅 속에서
수도하고 나온 매미

고작 7일만 이승에서 살다
저승길로 가야만 하는 신세

너무 짧은 일생이라
한 맺힌 절규일까

흔적

갈길을 재촉하는 바람이
나뭇가지를 뒤흔들어놓고
살그머니 골목을 빠져나간다

지붕 위를 후려치는 빗줄기
시커먼 먹구름 속에서
짐승소리 내며 번쩍이는 번갯불
하늘나라에서도 전쟁을 하나?

비 내리는 날이면
온몸에서 고동소리 내며
풀어낼 수 없는 기억들로
빗물이 눈물로 변한다

풀꽃이나 나무만큼

한겨울을 이긴 천리향은
다시 새 생명으로 돋아나
향은 안에서부터 천 리를 간다

앞마당의 만리향도
뙤약볕을 이겨내어
인고의 가지마다 새순이 돋아
향은 안에서부터 만 리를 뿌린다

동백이 질 때까지
나 참았던 생명의 절규
세상에 굽히지 않고
오롯이 나무로 서 있다

시끄러운 태풍

힘들었던 한 해가
소리 없이 저물어 간다.

잦은 비로 습도는 올라가고
농작물들은 구실을 잃었다.

무엇을 하겠다고 약속을 해도
본의 아니게 믿음을 깨트리게 된다.

강한 비바람이 불어와
가로수 뿌리를 뽑고
지나가는 차량을 덮쳐
모든 생명을 위협한다.

태풍아, 이제 그만!
성질 좀 죽여라

이웃 족속들

차량 행렬 사이로
신호도 없이 끼어드는 몰염치 족,

출퇴근 전철 안에서
큰 소리로 통화하는 안면몰수 족,

아파트 복도에서
담배 연기 뿜어대는 굴뚝 족,

커피숍 옆자리에서
쉼 없이 터져 나오는
성난 스피커 족.

사랑하고 싶지 않은
그 모든 이웃들

해가 뜬다

치솟는 일출이 가슴을 흔든다
웅장하고 근엄한 산은 구름을 뚫고
연한 햇살에 몸을 풀기도 한다

저만치에 바위도 보이고
햇살에 빛나는 이슬방울
생명들이 꿈틀대며 요동친다

줄줄이 피어나는 꽃들이
내일도 활짝 피어나
열정의 하루들을 완성시키겠지

이럴 땐 어쩌지
나는 푸른 산봉우리 쳐다보며
깊은 상념에 잠긴다

휴전선

행선지 없는 차표를 들고
끊어진 다리 앞에 선다.

한 줌 불빛조차 없는
긴긴밤을 끌어안고,

반세기를 살아오는 동안
가슴으로만 부르짖어 왔다.

아직도 기다림이 필요한
우리 형제자매, 이산가족.

우두커니 바라만 보다
끝내 섬이 되고 말 것인가.

그 섬에서

금빛 찬란한 바닷가에서
일출의 장엄함을 본다

대마도는 역사의 한 장면
그 바다에 점 하나 찍고
힘차게 허공으로 날아가는 갈매기
가깝고도 먼 거리에서 지켜본다

여객선의 뱃고동 소리
어둠 속으로 멀어져 가고
신비스럽고 오묘한 섬은
침묵으로 영원을 가르친다

갈무리

숲은 한 겹씩 초록을 드러내고
하늘에는 구름 한 점 보이지 않고
들녘은 봄맞이에 분주하다

거리마다 움트는 생명의 소리
태양을 향해 손 내밀고 가로수
자동차 엔진소리
시끄럽다고 불평하지 않는다

지긋지긋했던 겨울바람
봄으로 갈무리하는 곳마다
따사롭고 평화로운 사람 같다

그의 소리

구름 뒤에 숨었는지
별들이 보이지 않는다

그리움이 그리움만 낳아
바람이 되고 구름이 되는지

이 한 목숨
부모님의 은혜로 태어나
세상을 빛나게 살라는 데
가는 길마다 가시밭길
마음 둘 곳 없는 세상

가는 곳마다 밟히는
고마운 발자국 겹쳐 걷는다

의지

언덕 위의 억새풀
쉰 머리카락 휘날리고

비좁은 바위틈에서
꽃을 피우는 야생화

하늘과 바다 산은
침묵하고 있어도

나의 길을 열어주는 길라잡이
언제나 바라볼 수 있어 좋다

 ## 내가 가는 길

내가 가는 인생길 행복한 맘으로 꽃 피우리

내가 가는 길

행복과 불행은
크기는 미리 정해져 있지 않다

받아드리는 사람의 마음에 따라서
작은 것도 커지고 큰 것도 작아질 수 있다.

내 생각과 다르다 하여
무조건 시비하고 트집 잡지 말라 이 세상엔
나와 맞는 것이 본래 어디 있으랴

내가 가는 인생길 내가 맞춰가는 것이지
내가 뭐라고 남이 내 비위를 맞춰 주길 바라겠는가

나 살기도 바쁜 세상에
목마른 놈이 우물을 파라 내가 뭐라고
내 삶을 함부로 남에게 답보하리오

우리 앞에 벌어진 일들 어떤 눈으로 보고
인식하느냐에 따라 행복이 될 수도 불행이 될 수도 있다

내가 가는 인생길 행복한 맘으로 꽃 피우리

자유는 평화

휘영청 달빛아래
가을은 깊어만 간다

긴 장마와 코로나의 극성으로
한가위 둥근달을
일가친척들과 볼 수 없다

날이 갈수록 늘어나는 환자
명절날 화상으로 인사를 나누는 동안
만남과 소통이 얼마나 귀한지 깨닫는다

겨울이 벨을 울린다

새벽에 일어나
티브이 전원을 누르니
첫눈이 내린
설악산의 풍경이 펼쳐졌다

몇 년 만에 보는 설악산
현장을 가지 않아도
손가락 끝으로 세상만사 볼 수 있는
디지털 영상시대

편리하여 수고하지 않고도
온 세상을 다 볼 수 있는
시대를 살고 있지만
우리의 감사는 인색하다

버튼 하나만 누르며
원하는 정보를 다 볼 수 있으니
고마운 이 시대를 누리고 사니
사회나 국가에 기여하는 삶을 살아야지

수평선

바다 끝 하얀 선을 두고
사람들은 수평선이라 말하지만
가도 가도 닿을 수 없는 수평선이다

잔잔한 가을바람과
출렁이는 파도의 소리
바다 속에 잠긴 넋들의 외침인가

나뭇잎마다 알록달록 이쁘기만 한데
가느다란 바람에도 떨어지는 이파리
우리의 목숨과 다를 바 없다

깊어가는 가을 바다
내 마음도 푸르고 싶어
하염없이 바닷가를 걷는다

향기

지루한 가랑비에
치자꽃향기 흩어진다

가뭄에 시달리던 연두색 생명들
빗물을 마시며 잎과 줄기를 키운다

이토록 향기를 주는 너를 보고도
아름다움을 몰랐었던 나

꽃의 향기를 느끼지 못한 것은
내 마음이 닫혀 있었기 때문이다

바람이 지나가도 웃고만 있는
꽃향기에 취해 시간 가는 줄 모른다

문학

나의 의지를 무시한 채
인정사정없이 떠밀려 간다.

때로는 바위에 부딪혀
상처 입고 부서지기도 하지만,

삶은 강처럼 길고
바다처럼 넓어
그 끝에 도달하기란 쉽지 않다.

잠시라도 쉬면
죽은 목숨 같은 것,
운명과 숙명처럼
멈춤 없는 나의 시 세계도 그러하다

바다는

황금 띠를 두른 구름
바다에 잠긴 붉은 태양
시가 되고 음악이 된다

푸르름을 과시하는 썰물과 밀물
콘서트를 할 때마다
검게 탄 섬들이 점점이 나타난다

바다는 붉었다가 푸르다가
순식간에 어둠 속으로 몸을 감추고
고깃배의 불빛이 어둠 속의 등대가 된다.

가을 단비

마르고 닳은 대지 위에
빗물이 촉촉이 적신다

가을이 성큼 다가와
내 가슴에 노크를 한다

산속의 나무들은
힘차게 몸을 키우고
풀벌레들은 노래를 거쳤다

처마 끝에서
떨어지는 빗방울소리
쇼팽의 삶을 반추하는 한나절

가뭄으로 시름에 잠긴 농부들
단비로 회복되는 식물들을 보며
활짝 웃는 얼굴 더 바랄 것이 없다

자유로운 숲

계절의 변화는 생명의 신비
종족보존의 본능으로 이어지지만

문명은 숲의 길을 막아
대지의 생명들을 병들게 한다

하늘은 더 높고
맑은 바람 부는 가을날

나는 바람의 손을 잡고
건강한 숲길을 걷는다

가을이 간다

달빛을 가로막은 구름
둥근달이 반달이 되었다

가을을 내 곁에 두고 싶어
화폭에 보름달을 담는다

꼬리를 물고 돌고 도는 강아지
탱고 지르박 춤을 추고

구름이 사라져 차오르는 달빛
한낮보다 또렷하게 화폭에 담는다

걸어온 길 위의 길
기약 없는 가을은 이별을 모른다

가을

해질 무렵이면
오늘을 반추하는 시간이 된다

눈과 가슴에는
아름다움과 설렘이 어른거리고

가을 하늘에 물들이는 노을
해질 무렵이면 그 사람 생각난다

어둠 중에 더욱 빛나는 별
우리집 앞마당에도 가을이 왔다

시월을 보내며

나의 영혼의 계절,
시월의 밤은
시리도록 밝다.

다시 돌아올 내년 시월을 기다리며,
나는 도시의 숲 속으로
풍덩 빠져 있겠다.

점 점 점

바다 건너 남쪽에
점 세개가 있다네
큰 점 하나가 제주특별자치도
남쪽 작은 점은 가파도
더 작은 점은 마라도

추사 선생의 귀양길 따라
올레 길로 이어진 낭만의 여객선
태평양 언저리 점 세 개가 명물

아시아대륙 끝자락
해저의 징검다리
물길은 더 빨라지고 깊어
어족들의 희망이 넘친다

성게, 소라, 전복 등
해산물들이 세계 으뜸
호랑이의 형상을 닮은
최남단 섬 마라도
아시아대륙 끝자락에서
완성된 우리나라

10월이 간 자리

굴러가던 낙엽이
충청도에 자리 잡았다

시월의 자리마다
깊은 잠을 준비하며
누렇게 퇴색되어 간다

열기 없는 햇살
숨소리 고요하고
문명의 소리만 요란하다

뜨락마다 서걱대는 나뭇잎 소리
삶의 발자국마다 애달프지만
하고 싶은 말 가슴에 남긴다

겨울을 보내는 동안

딱히 할 일도 없는데
어찌할 수 없는 버릇이라
집을 나오고 만다

나만의 아지트는 숲 속
직장이라 생각하고
출퇴근 한지가 몇 년

찬바람 불어대는 숲에서
한기가 나를 에워싸고 괴롭혀도
이곳에서만 마음이 편안하다

식탁이 없어도
따뜻한 차 한 잔 주는 사람 없어도
외롭지 않은 혼자만의 기쁨

술도 없고
나눌 대화상대 없어도
누구의 눈치볼일 없어 좋아라

계절의 주인

보고 또 보아도 싫증 나지 않는 산,
산중턱마다 흘러가는 흰 구름,
그 사이로 스며드는 생각들.

계절은 한 바퀴 돌고,
행복은 조금씩 달라지지만
매번 새롭게 느껴지니
나는 특별히 신의 은총을 받은 듯하다.

욕망도, 소유도, 애정도, 사랑도
한가함에서 오는 즐거움 속에 모두 내려놓고,
스치고 지나가는 바람 속에서
이제는 오로지 자연의 향기에 심취 한다

이렇게 머물고 싶다

지난날은 그랬다
이곳이 아닌 어디든지 이탈하려
기회만 엿보든 현실 도피주의자였다

얼마 전까지만 해도
이카로스가 될지언정
벗어나고 싶었다

사회에 대한 책임과 의무를
다 할 수밖에 없는 나라는 존재
충실한 현실주의자였다

지금은, 지나온 궤적 살피면서
바람과 구름을 벗 삼아
하고 싶은 일만 즐기는 자연주의자

오랜 세월
이런 삶을 동경하며
누구보다도 열심히 살았다

이제는 무거운 짐 내려놓고
지난날들을 비단실로 풀며
이렇게 오래도록 머물고 싶다

적막한 가을 숲

포근한 가을비는
찬바람도 아랑곳하지 않는다

단풍잎에 떨어지는 빗방울
가을은 저물어가는데
가을 숲이 더욱 적막하다

늦가을 해는 떨어져
어둠이 차오르고
별빛이 친구가 되는
늦가을의 저녁풍경

자장가를 불러주지 않아도
가을 숲은 보채지 않고
고요히 눈을 감고 잠든다

가을 끝자락

사시사철 푸르다가
낙엽 되어 떨어지니
한 세상 살다가는 인간들
삶과 죽음이 무엇이 다르랴

울긋불긋 단풍잎들
가을비에 몸을 맡겨
저마다 앙상한 뼈만 남겼다

바람에 떨고 있는 이파리
계절은 검소하고 변덕스러워
고독 속에서 인생을 즐긴다

짙은 안개

여름내 역대급 장마가 지겨웠는데
가을의 님이 찾아와 반갑기만 하다

화창한 하늘은 더 높기만 하고
떠나려는 가을을 붙잡지 못해
입맞춤으로 작별 인사를 한다

세찬 바람이 안개비 거느리고
요란스럽게 거들먹거리니
곳곳마다 성한 것이 없다

겨울 집에 겨울양식들
큰 잎 밑에 작은 잎 돋아나니
바람 없는 날은 봄인 듯하다

새해 아침

동녘이 붉게 물들고
설렘으로 새해가 다가온다.

하루도 어김없이 생명을 잉태하는
강렬한 빛의 힘처럼,

산모의 진통 속 시련을 견뎌야
세상에 나오는 예쁜 아기처럼,

기쁨으로 가슴을 채우며 가던 길 멈추지 않고
꿈의 페달을 굴려 빛나는 내일로 달린다

연둣 빛 생명

태초의 우주 빛깔
자연의 유전자는 연둣빛
빈 하늘에 걸려있는
앙상한 가지 마디마디에
연두 아가들의 순결한 색채로
산과 들 세상을 물들이고 있다

인류의 유전자 속 스며든
모태에 새겨진 연둣빛은
고통과 시름 씻어주는
안녕과 시름 씻어주는
안녕과 치유의 빛깔
진화의 비밀 고스란히 간직한
신비의 색깔이구나

숲에서 태어나
숲에서 먹이를 구하고
숲에서 살았으니
보라! 산천이 가져다주는
최고의 선물 연둣빛을

슬픈 시대

시월의 중순,
고깃배와 어부들은 차가운 바람 속에서 분주하다.

산과 바다에서 부는 바람은 뼛속까지 스며들어 차갑다.
사회적 거리 두기로
마트에도 가지 못해
저녁 밥상이 적막하다.

가게들마다 일찍 문을 닫았고,
TV 뉴스마다 암담한 소식만 전한다.
이 역병으로 많은 사람들이 사라져 간다.

국민들의 가슴마다 찬서리가 내리고,
끊어진 소통, 확신할 수 없는 미래의 불안,

그럼에도 조용히 하루를 견뎌낸다

내 고향 덕산

가야산의 정기를 받은, 충절의 고장 덕산
푸른 숲이 감싸 안고, 맑은 바람이 흐르는 곳

멀리서 바라보면, 온천의 김이 하늘로 오르고
따스한 덕산온천은, 지친 마음을 달래주네

고즈넉한 산자락에 앉아 있는 수덕사,
여승의 노래는 세월을 넘어 메아리치고
추사 고택에는, 글과 예술의 숨결이 살아 있네

충의사에 서면, 나라 위해 목숨 바친 충절이
지금도 우리 가슴에, 깊이 새겨지고
그 정신은 오늘을 사는 우리 삶 속에 흐른다

삼국축제가 열리면,
역사와 전통, 그리고 흥겨운 문화가 어우러져
남녀노소 모두가 어깨춤을 추고
고향의 정을 함께 나눈다

아아, 내 고향 덕산!
자연과 역사, 전통과 문화가 살아 숨 쉬는 곳
그 이름만 불러도 마음이 따뜻해지는
나의 영원한 자랑, 덕산이여!

바다 위에서

날마다 바다는
새로워지기 위해
하루에도 수십 번 파도를 친다.

뱃길을 따라 날아드는 갈매기,
바다 위에 점 하나 찍고
허공을 가르며 날아간다.

바닷가에서,
모래와 바람을 섞으며
꿈인 듯 풍차를 돌리던 추억들이
떠돌다
다시 내게 돌아온다.

친구야

탄탄한 밧줄을 잡고,
튼튼한 마음으로 건너왔네.

우정의 세월을 꼬아 삼줄이 되었으니
친구여, 남은 여정도 놓지 말고 가세.

걸쭉한 세상,
풍자가 오고 가는 하루.

오늘이 지나고 나면
우리 언제 다시 나눌까

치유의 은혜

살아가는 우리
자연이 주는 고마움을
잊지 않고 잘 보존해야 한다

자연은 사람을 치료하고
사람은 자연을 소중히 여겨야
이 세상이 풍요로울 것이다

사람이 문명을 만들고
문명 속에 사는 사람은
우리가 살아가야 할 의무이기도 하다

사람을 자연인이라고
문명인이 자연인이라고
구분할 필요가 있을까

개복숭아 나무

이른 봄
붉은 꽃 피우는 개복숭아
몇 년째 산 중턱에서 보았다

참 복숭아가 아니란 뜻으로
'개' 자가 앞에 붙어
개복숭아로 불려진다

꽃잎이 떨어지면 가지마다 파란 열매
솜털이 벗겨지기도 전에
도둑을 맞게 되는 개복숭아나무

인간의 탐욕은
어디에서 멈출까

충의사와 들녘

가을빛 물든 들녘 따라
황금 들판 바람에 출렁이면
우리 마음도 한가위 달처럼
둥글게 차올라 밝아집니다.

예산 덕산 충의사 길 오르니
옛 선현들의 굳은 충의
세월을 넘어 울림 되어
오늘 우리 가슴에 맺힙니다.

나라를 먼저 생각한 그 뜻,
백성을 품은 그 발자취
추석 달빛 아래 새겨 보며
우리는 다시 길을 다짐합니다.

풍요 속에 잊지 않을 정신,
감사 속에 이어갈 큰 뜻,
충절의 향기 따라
후손의 삶도 빛나리라.

아카시아

순백으로 다가오는
아카시아꽃잎을 쟁반에 담아
송이송이 짙은 향기를 풍기니
여기저기 벌들이 모여 들여
꽃잎이 몸살을 앓는 것만 같다

푸르름이 더 해지는 오월
바람은 바람대로 싱그럽고
피었다 향기만 주고 가는 꽃잎들
떨어져도 꽃은 꽃으로 보인다

오월의 빗물에 젖은
이 밤이 그 밤이라
어린 시절로 되돌아가 보니
입 안 가득 그 향기 전해져 온다

한해를 맞으며

새해를 밝히는 동녘의 바다,
빛의 소라가 내 가슴에 안긴다.

새해의 첫 아침,
기쁨으로 맞이한 새 출발을 위해
동해를 밝힌다.

하루에도 수십 번
파도와 부딪치며
새 생명을 잉태하는 강렬한 힘.

저 태양이 가는 길을 따라
나 또한 멈추지 않고
끝내 전진한다

탄생의 시련

지금 막 태어나는 빛
희뿌옇게 밝아오는 여명은
새벽바람에 실어 보내는
신의 입김이다

희뿌연 안개 살포시
대지의 체온 달구는 손길
탄생의 환희는 산모의 진통 속에
태어나는 예쁜 아가처럼
자연 또한 시련을 겪고 있다

얼마나 많은 시련을 견뎌야
우리의 일상에도 봄은 오는가
긴 겨울을 이겨낸 후
더욱 화려하게 열릴 봄날은

박종국 시집

절망의 언덕을 넘어

지은이 | 박종국
펴낸이 | 전진옥
디자인 | 다온애드
펴낸곳 | 도서출판 다온애드

초판일 | 1쇄 2025년 10월 5일
발행일 | 1쇄 2025년 10월 5일
주　 소 | 인천광역시 남동구 벽돌말로 8(간석4동 573-11)
전　 화 | 032) 203-6865　팩스　032) 426-7795
메　 일 | jinok2224@hanmail.net

판　형 | 신국판
등　록 | 제2013-000008호
ISBN　| 979-11-89406-22-6 (03800)
책　값 | 14,000원

좋은 책을 읽는 것은 성공을 위한 밑거름이다.

• 저자와의 협의에 따라 인지는 생략합니다
• 본 간행물은 전국 서점 교보문고에서 구매할 수 있습니다
• 잘못된 책은 출판사 다온애드에서 교환해 드립니다.